*Il faut sauver
la tendresse*

DU MÊME AUTEUR :

La Cigale
& autres douceurs
BOOKS ON DEMAND, 2011.

Enfin bref...
BOOKS ON DEMAND, 2012.

En vrac et en douleur
En préparation

Anna-Sylvia Tendron

Il faut sauver la tendresse

*À la mémoire de
Fernande Mirabile, ma mère
et Georges Tendron, mon pére*

Couverture : *Les bateaux,*
peinture acrylique de Anna-Sylvia Tendron
(droits réservés)

© 2012. Anna-Sylvia Tendron.

ISBN 978 2 8106200 29

Nous irons nous étendre sur les blés dorés

Je te promets une fête de soleil…

Nous nous aimerons comme s'aiment les bêtes

Dans le secret d'une tanière craquante de paille couchée

Avec le ciel tendu comme un dais de drap bleu…

Abreuvés de nous-mêmes jusqu'à l'angoisse de survivre…

Etendus comme des gisants nous resterons…

Le souffle ralenti sur le silence attentif…

Et rien mon amour, ne se décidera plus jamais sans nous...

-

Nana, elle voulait vous dire

A fleur de peau, sanguine et batailleuse, amante, aimante, généreuse, juste et sans orgueil, la fierté chevillée au corps, l'imagination comme passeport, guettée sans répit par les emmerdements sournois, la tête en l'air, l'esprit en ébullition, fainéante dans l'absolu, en activité permanente...

Emberlificotée dans un quotidien abêtissant, libérée du matériel qui la laisse indifférente, cherchant perpétuellement à joindre les deux bouts, ne possédant qu'un ramassis de petites choses, ne pouvant vivre sans musique : Barber, Massenet, Mozart et tous les autres...

Accablée devant la connerie du plus grand nombre, illuminée par le génie des uns, réconfortée par la grandeur de ceux qui restent ; guère nombreux !

A se dire qu'il est toujours plus facile de se moquer de ceux qui naissent imbéciles, en comparaison de ceux qui pensent êtres nés intelligents, majorité de cons...

Se dire que, celui qui ne sait faire qu'une chose, mais qui la fait bien,... étant par cela heureux du reste, vaut mieux que celui qui possède un nombre indéterminé de possibilités et de connaissances ; ce qui lui permet surtout d'enfumer le simple bougre et de ne rien faire de vraiment intéressant, si ce n'est discourir avec, peut-être de temps à autre, la chance d'un coup d'éclat, qui bien souvent retombe aussi vite, comme un soufflet qui aurait mal interprété la sortie du four.

Naïve, tant mieux, idéaliste, réaliste, se mettant régulièrement le monde à dos, admirée au-delà du raisonnable par ses amies et amis qui la considèrent comme irrécupérable, d'une espèce rare, parfaitement incongrue par les temps qui courent, souvent imbuvable, attachante, désolante, émouvante.

Etant elle-même définitivement perplexe devant ses capacités bonnes ou mauvaises, éternellement interrogative en ce qui concerne le pourquoi du comment des choses et des êtres.

Voulant sans cesse tirer les vers du nez au destin, la mémoire en faillite, le cœur incorrigible et inguérissable…

Par cela, pour tout cela et j'en passe non des moindres, faites, je vous en conjure comme si de rien n'était ! Passez ou attardez-vous, quoi qu'il en soit, vous ne regretterez pas…c'est plus qu'une promesse, c'est un aveu… A vous toujours.

Il y aura toujours

Un soir au bord de la nuit… il a plu… un vent léger glisse sur ma peau comme le souffle d'un être endormi.

Mais je suis seule… de ma fenêtre ouverte j'entends les derniers bruits de la ville.

J'imagine une armée, mélange d'anges et de soudards, qui forcent la nuit et le néant, pour revenir dans nos vies de silences ; les chats vont gronder au fond des poubelles.

Les bizarreries que mon esprit invente, m'entrainent par dessus l'ombre insondable, les nuages se poussent, la lune apparaît… c'était bon l'amour, après tant de mois d'abstinence, tu étais beau et désarmant, lointain… je t'aimais.

Une étincelle ! C'est une étoile qui dégringole et se perd dans les plis de draps noirs qui protègent la terre… elle dort.

Tu trottines, je trottine…j'ai servi d'exutoire, j'ai appris avec toi comment ne plus vivre… mais mon amour dure, je ne suis pas une assassin…

Le bruit se calme, s'apaise, rien ne s'éloigne, tout se tasse… mon armée imaginaire n'a pas résisté…

Que sont les jours sans ton retour ? Des heures de lourds silences qui désarment mon courage…

Je t'aime, j'ai un trou là ; regarde ! là où tu avais posé ta jolie main, dans la tendresse d'après le désir… une mouche me grignote la joue… elle boit, elle éternue me regarde, et me dit :

- C'est trop salé ! …
- Evidemment, je pleure !
- Tu as mal ?… je peux t'aider ?… Autour de la lampe des papillons duveteux, de minuscules libellules aux ailes mauves et jaunes, transparentes comme un voile de mariée, des insectes nocturnes effacés et curieux dont personne n'a fait la connaissance ; il y a aussi un gros voyageur noir et marine qui bourdonne…
- Voilà les curieux dit la mouche, ils vont te demander asile…
- Ils ne me dérangent pas, j'ai déjà une bête dedans qui me mange, elle devra partager !...
- Ils sont là pour t'écouter, ce ne sont pas des dévoreurs… toi dans ton lit, eux de passage, avec la lumière et la fenêtre ouverte c'est une invite… alors…
- Elle pleure ?
- Oui elle pleure, elle a une bête dedans qui la mange… dans sa poitrine, voyez, elle est entrée par ce trou…
- On ne voit rien,
- Il n'y a plus rien à voir…
- Il faut prendre de la terre et boucher ce trou ?... mais la bête restera, elle est bien !
- Elle attendait depuis longtemps ?…
- Un jour il m'a dit…« c'est fini » ! Alors, mon cœur a éclaté, et par ce trou béant tout est tombé par terre, la bête a prit sa place…et la lumière est partie…

Le voyageur marine taquine une phalène ; tout le monde éclate de rire devant ce gros patapouf, qui s'emmêle les antennes, le grand papillon lui dit de ne pas se faire d'illusions...
- Toi aussi tu as ri souffle une libellule...
- Mais elle pleure ?
- Elle pleure mais elle a ri...
- Nous allons rester... une mouche, un voyageur, quelques belles de nuit et ceux-là que je ne connais pas, nous prendrons une petite place derrière tes rideaux, nous attendrons chaque nuit avec toi... la bête nous donnera le signal du départ... ensuite tu n'auras plus mal et nous fêterons l'événement.
- Mais la bête l'aura dévoré toute entière ? Et que ferons-nous de ses larmes ?
- Nous garderons le sel, il pourra servir... Le silence de la fin de nuit, un couple d'heures avant l'aurore, la bête dort, la douleur dort...
- Elle s'est endormie ?
- Oui... tu sais pleurer toi, la mouche ?
- Je ne veux pas t'en parler... écoutez elle murmure, et ses larmes coulent... pourtant elle dort ?
- Ils ont mal quand ils dorment ?
- Je crois qu'ils ont mal souvent, qu'ils se font mal toujours, je crois qu'ils ne savent pas s'aimer et qu'ils se jettent des bêtes pour s'entre-dévorer...
- Que fais-tu là toi, la mouche ?
- Je suis près d'elle depuis longtemps, ici j'ai de quoi survivre, pourvu que je me fasse oublier elle me tolère, et

même que depuis l'adieu de son aimé elle me parle et me prend à témoin, tu comprends j'ai tout vu tout entendu, alors entre nous c'est confidences et respect… Leur amour était doux à entendre, juste ce qu'il faut de bruit, juste ce qu'il faut de mots, de caresses ; elle le couvrait de caresses, et de baisers ! Comme s'il en pleuvait, encore et encore, tellement bon, et ils étaient tellement beaux tous les deux ! Tu vois qu'ils ne savent pas… quand ils possèdent un amour, un peu de bonheur, il faut toujours qu'ils le brisent… et son amour à elle ! Et bien tu peux me croire, car tu penses si j'en ai vu des amours de pacotille… moi je l'aurai gardé, je ne l'aurai jamais laissé… et puis, le remplacer par quoi ? Ils courent, ils courent… et ils recommencent et ne savent pas ce qu'ils veulent, alors ils ne sont pas contents longtemps et rarement heureux…

- Ils n'ont jamais honte de faire des trous pour faire tomber les cœurs par terre et de laisser ce vide à la place. Dis-moi comment ils font pour laisser couler les larmes de ceux qu'ils ont aimés?

- Et nous qui les envions !

- Il n'y a vraiment pas de quoi…

- Moi je voudrais bien qu'elle dorme toujours, comme ça elle ne sait pas qu'elle pleure, et elle ne pense plus à la bête, murmure une gentille inconnue…

- Justement, quand la bête aura fini, elle dormira toujours !

- Nous devrons partir ?

- Oui nous devrons partir.

- Toi, la mouche, tu partiras ?

- Moi ! La première, dès que la bête aura fini, je filerai ; il me serait impossible de rester dans cette chambre d'amour et risquer de devoir être témoin d'une quelconque caricature de ces deux-là.

Cette chambre c'est la leur… encore des taches, des salissures, encore des souillures ? Non vois-tu, ici tout me parle d'elle : « Fermez les yeux ! Ecoutez tous ! » Vous l'entendrez chanter, sur sa musique à lui.

- Elle chantait des chansons ?

- Oui elle chantait, et tous dans cette maison, et les passants dans la rue l'écoutaient, elle ouvrait sa fenêtre pour que les oiseaux se joignent au concert, cela faisait un magnifique raffût, et tout le monde était joyeux… après ils mangeaient ensemble et buvaient ce délicieux vin que son amour laissait en partant, c'était la fête…

Lorsqu'elle attendait « son homme », ses yeux retenaient une lumière dorée, son rire cascadait de son cœur et elle me parlait de lui comme elle aurait parlé d'un prince : « La mouche, viens, je vais te dire sa beauté, sa douceur, viens, viens que je parle encore de lui, sinon le bonheur va m'étouffer… elle babillait, elle riait, elle dansait…

- C'est ça ce qu'ils appellent le bonheur ?

- Oui, c'est ça le bonheur, le bonheur d'aimer… elle l'aimait… lui l'a ignorée, l'abandonnant sans un regard, sans un regret… il est allé près d'une autre…

- Ils sont tous réveillés, ils t'écoutent,… et ils pleurent… Tous comme surpris, se regardent mutuellement, ils ne savaient pas qu'ils avaient des larmes…de la compassion, des larmes…

Une fragile phalène insiste doucement pour être écoutée elle aussi :

- Je voudrais bien ne pas l'oublier, et ne pas vous oublier vous… nous ne savions pas, avant cette nuit, que nous pouvions être amis… permettez que je cueille un souvenir, un cil ou un cheveu, peut-être deux cheveux ?

- Oui oui ! Ils hurlent tous en même temps…

- Moi aussi je veux deux cheveux…

- Moi je veux son petit doigt de la main gauche…

- Pour cela, il faudra attendre que la bête ait terminé sa malheureuse besogne…

- Moi je veux un de ses beaux yeux noyés de ses larmes…

- Moi je ne prendrai que les larmes de l'autre…

- Moi je prendrai l'autre œil, décide le grand papillon, il me servira de soleil…

Un choisit de prendre sa voix, une autre son sourire… un petit morceau d'oreille… une narine… la trace des larmes sur la peau de son beau visage…

Soudain, le gros voyageur marine annonce qu'il va attendre...

- Pourquoi ?

Les voilà curieux de sa réponse… de sa voix la plus douce il leur dit :

- J'emporterai son mystère….

Ainsi chacun choisit d'emporter son souvenir…

Un moustique insolent revient en titubant de la cuisine, en chantant : « la lune est là, la lune est là et le soleil est en vadrouille hic !... »

-Mais tu es ivre !

- J'avais soif pardi ! Comme je ne risquais nullement de me faire battre en si parfaite compagnie, et qu'il était hors jeu de me rassasier avec le sang de ton amie qui pleure et qui dort, je suis allé quérir quelque remontant, j'ai bu dans un verre posé sur une table rouge accrochée au plafond… c'était fameux, il se pourrait que j'ai abusé de la chose, mais c'est bien connu que les moustiques sont de grands buveurs !
  - Tu zigzagues comme un ivrogne…
  - Pourquoi dort-elle toujours ?
  - Elle dort… mais elle pleure…
  - Je n'en voudrais pas de leur bonheur…
  - D'où sors-tu toi, tu es bien petit ?
  - J'étais posé sur sa main, je la sentais frémir… son corps tremblait… Non je n'en voudrais pas de leur bonheur ! Un bonheur qui gronde comme un orage mauvais, qui brise les cœurs comme un brigand, qui fait pleurer et mourir ? Non, ils ont dû se tromper, ça ne s'appelle pas le bonheur !...
  - Calme-toi microbe, moi je sais, dit une grande libellule arrivée après les autres en traînant une jambe de bois :
  - Je sais comment se nomme ce truc fallacieux… ça s'appelle le mensonge !

Très tristes et désenchantés, ils vont tous s'abreuver au verre de sieur moustique qui ne revendique rien. Un bruit de succion emplit la maison…
  - Chut !

Enfin, ils reviennent gavés. La mouche qui était restée sur le front de son amie, trouve que c'est une bonne chose, ce vin aurait été perdu, ce vin capiteux que son amant lui offrait avant leur ébats…

Providentiel ce nectar pour la multitude minuscule, charitable, ayant interrompu ses activités nocturnes, pour venir veiller la femme chagrin qui gît dans ses larmes.

-Vous avez bien fait, je crois qu'elle ne se réveillera plus jamais…

- La bête a déjà tout dévoré ?
- Elle a mangé l'essentiel…
- Alors nous pouvons cueillir nos souvenirs ?
- Je vais prendre mes deux cheveux…
- Laisse-moi prendre mon cil…
- Je ramasse le sel de ses larmes…

Ainsi va la vie, ses chagrins insurmontables, la désaffection, le désamour… son inaltérable dérision.

Les escarpins

Elles arrivent en courant au devant des flots, poursuivies par leurs rires de gamines et leurs cris apeurés que le vent porte dans leurs sillages.

Les escarpins devenus détestables, inutiles et encombrants,... jetés sur l'épaule, avec les bas et les collants à paillettes roulés en boule à l'intérieur... des femmes enchanteresses, émergées d'une nuit de fête...

Elégantes aux trois quarts vêtues de robes du soir qui dans le petit matin, après une nuit de débauche, sur les corps de ces Amazones, ressemblent à des morceaux de chiffon mis un peu n'importe comment et ne servant plus que de « cache-peau ».

Femmes superbes, fantasques, mes sœurs ! Qui hier encore, auraient vendu leurs âmes pour ces fanfreluches,... dont certaines coûtaient le prix d'une demi-Ferrari... et aujourd'hui se foutent, royales, de ressembler à des catins dépenaillées, pourvu que la pêche soudainement décidée soit bonne.

Foulards, chapeaux et même sacs à main, s'étaient transformés en récipients plus ou moins pratiques qui contenaient : deux misérables moules, trois coques, un crabe, quelques galets précieux, une étoile de mer morte puant le varech… l'ensemble parfaitement immangeable… cinq femmes sublimes en reste de tenue de soirée au milieu des algues et des flaques d'eau argentées que la mer abandonne dans son jusant… reflets de noir, de rouge, d'orange… comme des mirages sur le sable du désert… elles étaient, sur l'étendue immense que la mer délaisse pour quelques heures, comme des figures de proue levées vers le ciel, survivantes de bateaux ensevelis… Belles, mieux que nues, se détachant sur le gris bleu de l'horizon, entre un soleil encore hésitant et une nuit qui traînait à se dissiper… et sous l'arc de leurs jambes, au loin moussait la crête des vagues.

Fouaillées par le vent, les pieds ancrés dans le sable dur et froid,… en riant trop fort elles se lançaient des mots crus, des mots vulgaires, ceux que revendiquent toutes les libertés…

Vraies, sans gêne dans leur tenue de prostituées, arrogantes et fatales sous le regard acquis de quelques curieux matinaux.

L'étendue de sable marquée par le va-et-vient de la mer, les rochers découverts, les algues encore humides, vertes ou brunes, le soleil dans le ciel immense, le bruit immuable de la mer qui déjà revenait de son absence, le vent qui soulignait, berçait les choses…

Et ces femmes, nécessaires pour achever de perfection la beauté éternelle mais furtive de ce pays inaccessible que les marées découvrent au large de ma Normandie…

Un cœur contre les mensonges

Ne plus se parler d'amour, mais se parler encore...
- Tu te souviens mon beau, il n'y a pas si longtemps on se parlait d'amour ?

Mais le cœur dépendant a dû déposer les armes... et gagner à coup de chagrin une si triste liberté... une cathédrale sur un ciel de novembre, c'est beau à pleurer...c'est toujours beau à pleurer...

Nos routes franchissent des montagnes bleues... caracolent en tête de l'innocence... et nous changeons de pays... un autre signe plein de promesses... c'est beau... mais moins de larmes déjà...

Un vieux « je t'aime » se décolore... passage à l'éphémère de toutes les choses de la vie... J'ai le cœur brisé... désarticulé tout mon corps se démolit...

Vivre un amour taillé d'immortel, c'est fabriquer un géant... se mettre à genou devant le miracle si rare et pourtant...

Je me souviens de chacun de tes mots, de la couleur de ta peau sous le lustre de ce restaurant où, pour la première fois nous nous parlions d'amour...

Ta fébrilité, mon humeur malade de la peur de te

déplaire…ton sourire, ton visage précis de ce jour-là… comme une photo plaquée de force devant mes yeux…

Nous nous sommes tenus, touchés, possédés… écartelés, bus, voulus… tu as disparu, le vent court, la terre tourne… depuis toujours les humains pensent s'aimer d'amour…

Les passants sont des passants, la pluie mouille les pavés…ma vie s'immobilise… j'ai le cœur brisé… c'est bête à pleurer…

La poésie

La poésie c'est la pierre que l'on jette dans l'eau des rivières, l'eau qui fait des rondes jusqu'aux herbes des rives, qui frémissent et bruissent sous le voluptueux effleurement des vagues douces et silencieuses.

La poésie, c'est le premier pas, le premier de ceux qui nous emportent, sans que nous ayons le besoin d'en connaître le but.

La poésie, c'est le corps d'un homme dénudé, revenu du plaisir, son désir apaisé, c'est la poésie…

La poésie, c'est une main fermée sur un mystère.

La poésie c'est la mer invincible, le vent finaud, un morceau de ciel fantôme…

C'est un coquelicot sur le talus, épargné, seul et beau.

La poésie c'est l'enfance sans la douleur, c'est le pain chaud, le chien contre le chat tous les deux endormis, c'est la cheminée, le feu qui crépite et réduit l'univers à ta demeure.

La poésie, c'est le silence, le crépuscule des hommes.

C'est la tendresse qui restera le seul pont à franchir.

La poésie c'est aimer payer le prix.

C'est la peine et les chagrins, c'est croire que tout devient possible, c'est se dire heureux quand le bonheur s'invite.

La poésie, c'est la main, le visage, le regard de chacun… C'est la différence qui se montre aux quatre coins du monde.

La poésie, c'est la solitude voulue, le dessin de la vie, c'est le silence… C'est la poésie.

C'est l'autre dans l'absence, l'abstinence des sentiments, dans l'obscurité des tourments…

La poésie, c'est chacun de nous, sans la science et ses certitudes… C'est la poésie.

La poésie, c'est la connaissance que nous aurons demain.

La poésie c'est la première fois, un peu de vie…

De vie partout…

Je reste

à P. R.

J'aime vous aimer et être imprudente, j'aime vous tenir entre mes mains et vous mener sans ménagement, vous posséder jusqu'à vous faire un peu mourir.

Comme j'aimais votre imprudence égale à la mienne, lorsque sans arrogance, aux débuts de notre histoire, vous étiez jaloux, avec l'inconscience que donne le désir immédiat.

C'était un soir lumineux, vous m'attendiez à ce rendez-vous que vous m'aviez lancé sans crier gare, n'y croyant pas vous-même.

Rendez-vous où comme à mes vingt ans j'allais en conquérante, certaine de ses pouvoirs, quand on croit que la jeunesse et la beauté n'ont pas d'ennemi.

Votre regard, votre sourire, votre émotion qui m'enchantait et que vous tentiez de contrôler, maîtrise incertaine qui m'amusait énormément.

Je n'osais rien, je n'étais plus moi-même... le suis-je redevenue depuis ce jour ? Ou serais-je à jamais celle qu'alors, je suis devenue pour vous ?

Fanette et le bonheur

En nichant aux environs du premier étage, on pourrait penser que l'on est à l'abri d'un vol plané ; du moins pour la plupart d'entre nous… Je ne fais pas allusion à ceux qui choisissent cette ultime et définitive porte de sortie…

Sauf que, chez notre bienheureuse amie Fanette les probabilités, pour que les événements de la vie quotidienne se passent normalement, font partie du domaine de l'illusion…

En perpétuel état de béatitude, dans le brouillard salvateur de sa myopie, sans se formaliser si le jour qui se lève, n'est pas obligatoirement celui qu'il devrait être ; le lundi pour le dimanche, le samedi pour le mercredi, elle les aborde tous avec le même détachement fataliste… et ainsi se moque-t-elle, comme de l'an quarante, de suivre le cours des saisons dans le sens des flèches. Être en juin, en décembre, qu'importe, pour elle, il fait toujours beau. Mêlant dans une même nécessité la pluie et le soleil, le ciel bleu, la grisaille, la neige, le chaud et le froid… Quant aux heures et au temps qui passent, il faut son instinct de survie ou un besoin incontournable, comme elle dit, pour lui rappeler que la vie continue…

Elle affirme que le temps est une invention barbare pour nous empêcher de rêver… Elle sait de quoi elle parle…

Fanette glisse dans nos vies, détricote nos prétentions, nous apprend la transparence des sentiments, elle est belle, démodée, ancienne…

Elle aime le silence… ne dit que la vérité, ramasse tout ce qu'elle trouve, les choses, les bêtes et les gens… adore patauger dans la boue, attendre que la mer remonte, pêcher, sourire…

Et rêver…

Fanette est un personnage précieux, un mélange rare de tout ce qui est bon sur cette terre… amour, générosité, gentillesse, douceur… Elle ignore le côté bassement matériel de l'existence, mais accumule tout un tas d'objets hétéroclites souvent parfaitement inutiles.

Sans malice, sans colère, dégringolée parmi nous d'un monde magique, mais restée prudemment dans le no man's land de l'inconscience salvatrice.

Quand tu arrives, tu es toujours la personne qu'elle attendait justement… te le signifie avec un petit rire bienveillant, te lance son regard vert tendresse où tu accroches tes babioles emmerdantes, que tu expédies illico ; cavalcade dans le désert à dos de chameau, clameurs enthousiastes pour le vainqueur de l'Atlantique, voyage sur le Mékong, retour de la Lune… Elle te sourit pour te dire qu'elle a compris… Toi tu restes là, béat, et tu remercies le lutin joyeux qui soudain, prend ton âme pour une cour de récréation.

Par elle nous devenons meilleurs, un peu moins idiots… Malgré nous.

Elle nous emmure de chaleur humaine, remplit nos poches de bonbons acidulés, de caramels mous ; et du chocolat fondu nous barbouille le menton, et dégouline sur nos cœurs, qu'elle bombarde d'une infinie tendresse, de son formidable amour de la vie et des êtres vivants, quels qu'ils soient…

Donc ce fameux jour, Fanette a décidé de nettoyer les vitres de ses fenêtres ; et ça, c'est une indiscutable rareté ! La voilà armée d'un chiffon et juchée sur un trépied branlant, elle jette de grands verres d'eau sur les carreaux et astique avec détermination dans un mouvement de balancier, qui bien que régulier, laisse prévoir un dérapage possible… Le chat vautré sur le rebord de cette même fenêtre surveille sournoisement les allées et venues du chiffon… Soudain, il bondit agacé certainement par ce « truc » qui lui passe et repasse sous le nez. Fanette sur son trépied vacille, se retient à la fenêtre qui sous la poussée s'ouvre en grand… réalisant qu'elle peut malencontreusement écraser le chat, d'un coup de rein, évite le coupable félin ; qui file sans demander son reste, et dans une envolée superbe notre Fanette traverse l'espace, plonge et atterrit sur la pelouse deux mètres plus bas… Aurait-elle suivi le même itinéraire si elle avait logé au sixième étage ?

Nous sommes autour de son lit, dans une chambre d'hôpital…Fanette encore groggy, la tête enturbannée, la jambe droite plâtrée jusqu'au genou, le cheveu en bataille, descendue brutalement sur terre, semble nous voir pour la première fois. Les lunettes de travers, un tortillon de chatterton rouge sur la joue, mais tellement belle dans le désordre de sa mise. Elle paraît avoir été déposée là par mégarde, avec encore sur son visage barbouillé de terre, une expression de surprise hébétée… Et nous encore terrorisés, nous restons silencieux, heureux jusqu'aux os de la savoir saine et sauve.

Elle qui ne sort de chez elle que contrainte et forcée par des pulsions aussi inattendues que soudaines, la voilà transportée sans ménagement de sa salle à manger à ce lieu déprimant s'il en est !

Son sourire flotte…

Incertaine, nous demande gentiment :

- comment va le chat ?

On ne peut pas lutter contre la fatalité...

J'étais entrée dans un jardin

La terre que je foulais avait une couleur orangée griffée de noir. Des fleurs s'éparpillaient dans un désordre coloré et somptueux. L'image d'un buffet gigantesque me vint à l'esprit, l'ensemble me fit penser à une multitude de mets, déposés là pour satisfaire la gourmandise des ventres et des yeux, et, en même temps, une gaieté joyeuse déferlait dans tout mon être. Je regardais n'osant plus faire le moindre pas, tant le spectacle de ce jardin improbable me remplissait d'émerveillement et m'attirait de tous côtés, incapable de choisir le commencement de ma visite peut-être interdite.

La surprise décuplée d'avoir découvert ce paradis caché derrière un mur de vieilles pierres, se révélant mystérieux et tentant, comme le grenier d'un vieux château délaissé. L'abondance des couleurs cachait presque la fleur qui révélait sa palette. La verdure comme sous-bois, invitait à suivre des chemins secrets d'où s'élevait une fraîcheur de menthe et de mousse. Les tons de verts clairs et durs de feuillages inconnus, se mêlaient aux bruns des écorces…

C'était un pays dans une ville, une escale méritée sur la route, route grise et banale qui ne laissait rien deviner de cet éden, c'était une ile paisible posée sur la tourmente des flots, un cœur qui battait, c'était un jardin sans jardinier… Une confidence magique…

Un jardin, où chaque fleur et brin d'herbe s'étaient plantés là par malice et fantaisie, renaissant au fil de tous les printemps sans qu'il y eu besoin d'autre intervention que celle du recommencement.

Un bastingage, une retenue… la poésie intime et renouvelée d'une vie…

Nous nous sommes tant aimés

Tu aimes nos habitudes, nos combats sans surprise… Tu as renoncé mon tendre amour, et doucement l'ennui s'empare de notre automne…

Je me rebiffe, je renâcle, je rêve d'empoignades, de plaisirs douloureux, je veux retrouver l'impudence de nos ébats, la cruauté de nos jalousies, les cris insolents de nos jouissances arrogantes… Qui nous ont tués avant de nous séparer.

Je veux mordre ta peau, mes lèvres sur ton sexe dur, je veux que ta langue retrouve le goût de mon ventre et sur ta bouche lécher nos saveurs abandonnées… Je veux me battre et ne rien défendre, je veux me rendre tout accepter… Je veux… Souviens-toi c'était hier…

Mon tendre amour sans secret, mon amour aux lointaines ivresses…

Je n'ai pas menti, ma Vie, et ni toi ni moi n'avons triché… Les lassitudes que nous ne savions prévoir, ont condamné le désir.

Nos corps désenchantés cherchent dans l'habitude désolante le souvenir de nos banquets flamboyants, les couches de fortune, les chambres de rois, nos voyages où sombrait la raison, nos corps douloureux au bout de nos nuits sans sommeil… et cherchent sur nos peaux les relents de parfums impurs, et dans nos chairs les blessures de jeux interdits…

Et nous découvrons mon cher amour, que de nous aimer si fort, que de nous aimer aujourd'hui comme demain nous nous aimerons encore… ne suffira plus…

Il nous faudra tricher et nous mentir…

Je ne sais pas lequel de nous deux lâchera le premier la main de l'autre, je ne sais pas, qui des deux cessera de combattre, je ne sais pas si nos cœurs resteront les plus forts… Pourtant…

Nous nous sommes tant aimés.

« Derrière la colère
se cache la souffrance,
et sous la dureté des mots,
la tendresse inavouable »

Souvenirs de voyage.

Dubitative, je regarde l'espèce d'olibrius, blanc blond et immense, estampillé made in Norvège, installé sur mon canapé sans la moindre gêne. Il s'est chargé en mon absence, de siffler un assortiment hétéroclite de liquides… Whisky, bière, calva, vodka, vinaigre balsamique-limonade, et même un de mes vieux Bordeaux… « alors la flûte, merde ! » Un pot-pourri que l'exigence de nos palais français seraient incapables de concevoir !

Je constate que le mélange hasardeux que ce monsieur, (monsieur que par ailleurs je ne connais pas)… a ingurgité, ne semble pas avoir entamé sa bonne tenue.

- Bonjour madame, je me présente, je suis Kristian Trondbeint, (ça ne s'invente pas ; même moi je n'aurais pas pu…) Je suis l'ami de votre fils, il m'a invité chez vous.

Et voilà ! Mon fils chéri a toujours l'amabilité de semer ses cartes de visite aux quatre coins du monde, le hic, c'est que sur ces cartes il y a mon adresse…

Ainsi j'ai vu débarquer, un Sénégalais des beaux-arts, un japonais architecte, une espagnole révolutionnaire, que j'ai dû jeter dehors au bout de huit jours, sinon mes voisins menaçaient de me faire expulser manu militari ! Et je ne dois pas oublier un aimable chinois ; « Li quelque chose », qui venait apprendre l'art culinaire français… Après ses exploits ambitieux, j'ai eu beaucoup de mal à remettre en état ma cuisine, et fus longtemps sans pouvoir blairer un grain de riz !…

Cette fois mon amour de fils a effectué une rotation de 380° direction les fjords norvégiens, et le viking que j'ai le privilège de recevoir, je le classe d'emblée, dans la catégorie des assoiffés… évidemment !

A mon tour je me présente sans chichis, et papote pour le mettre à l'aise ; si besoin était, sur notre cousinage lointain, « étant normande de Normandie », cette précision ne remue absolument rien dans sa grande carcasse… Le temps des drakkars me direz-vous ?… et mes prétentions physiques sont visiblement moins ostentatoires dans leurs proportions que celles de ce nordique à l'humeur égale et joyeuse. J'explique en rigolant, pour rester dans le ton, et histoire de rompre « les glaces », les croisements hardis, que nos aieux communs se sont amusés à concocter :

Un peu de viking, un zeste de prussien, une pincée d'espagnol, une rasade d'italien complétée de français ; français déjà bien dilué par les croisades guerrières, envahissements et migrations en tout genre… continuant sur ma lancée, pourtant moi je n'avais rien bu, mais il faut croire que les vapeurs restées dans l'air avaient la traîtrise mesquine,… un peu cassée je lui dis :

- Pas de risque de consanguinité !… le renouvellement des cellules ne connaît pas la monotonie par ici… J'avoue, toujours en me bidonnant, que dans ma famille quand on s'engueule, c'est la tour de Babel... Chacun y va de sa langue que l'on dit maternelle et personne ne sait ce que l'autre lui reproche. Ce qui semble d'ailleurs fonctionner sans anicroche, depuis nombre de générations.

Monsieur Kristian me sourit de toutes ses dents, qu'il a fort belles, et sans commentaire, avec un geste explicite au niveau de son estomac :

- je pourrais vous demander, s'il vous plaît, un petit peu à manger ?

J'en reste coi !... D'une main tremblante je lui désigne mon frigidaire ; puisqu'il a su trouver les bouteilles, qu'il se débrouille avec les saucisses et le reste. Mais s'il mange comme il boit ?...Cette pensée me donne le vertige...

Mon fils ! Si tu savais comme je t'aime.

Couleur de rien

La vérité est un épouvantail qui porte nos oripeaux…
Il n'y a pas de sang, il n'y a que sa couleur et des fleuves… où l'or rouge de nos vies s'en va se perdre…
La terre reprend son obole s'abreuve et bave ses rivières…
Les cohortes mouvantes vont confondre leurs eaux couleurs de rien à tant de ruisseaux, qu'il n'existe de regard assez vieux pour en mesurer le nombre.
Il n'y avait pas de sang, il n'y a jamais eu que des fleuves… et dedans l'or rouge de nos vies creuse de brunes déchirures…
Des sillages gravés, qui vont rejoindre l'infini, partage charnel que le destin fait de ses vengeances, et nous, de tenir son mensonge pour la vérité.
Un fantôme qui porte nos espoirs, un autre épouvantail aux mains froides, avec des yeux aveugles et un cœur sans résonnance…
La vie est un sursaut, une étrange manière, un mystérieux entrelacs de corps qui vont et viennent, des visages blêmes, des têtes étourdies…
Il n'y a pas de sang, il n'y a que des fleuves aux eaux couleur de rien…

Il n'y a que la terre, pour qu'ils s'y creusent des lits de hasard…

Il n'y a que la mer…

Et là-bas la poussière qui s'emporte, pour jusqu'au bout nous brûler les yeux.

Il n'y a pas de sang, son éternité pourpre n'existe pas.

Il n'y a que l'eau couleur de rien…

Et cette chose sombre, qui battait derrière nos fronts.

Si j'avais su

La bataille n'est pas gagnée d'avance, et le soleil qui éclabousse ses cheveux blonds lui donne un aspect dangereusement innocent…

Je fais comme si l'ensemble de ma structure n'avait rien ressenti, je plaque sur mon visage un sourire stupide d'aliénée irresponsable et je lui tends les clés de ma voiture.

L'hôpital m'a rendu ma liberté en m'offrant en échange, une source d'emmerdements insondables !

Me voilà affublée d'un chauffeur-garde malade, beau comme Omar Sharif en blond nordique, rajeuni d'une bonne cinquantaine d'années « Autant en emporte le vent ! » Bref !

Il y a de toute évidence la possibilité qu'à défaut de… je lui serve de dromadaire, dans une version inédite de « Lawrence d'Arabie »…

Nous voilà tous les deux installés dans ma voiture. Une minerve me fait ressembler à une dinde prétentieuse, vu que je suis obligée de tourner la tête à angle droit. Lui, après avoir contrôlé la mise en place de ma ceinture de sécurité, en ayant, mine de rien frôlé mon sein gauche généreusement offert par l'obligation d'un maintien abusivement dégagé, dû à l'étau qui me serre le cou… démarre ma voiture et nous fait littéralement décoller de l'asphalte ; nous n'avons pas la chance d'emporter avec nous un paisible piéton, qui pour éviter la collision fait un vol plané sur le côté, s'affalant malencontreusement sur un autre quidam, lui fout son poing sur la gueule en hurlant je ne sais quel mot d'excuse… tout cela le temps de dire ouf, et dans l'espace rétréci de mon champ visuel.

Plaquée sur mon siège, je réalise que la probabilité de retourner à l'hôpital est tout à fait envisageable, si je ne mets pas un frein aux emportements mécaniques du lascar qui a oublié, semble-t-il, qu'il est chargé de ma santé et non de ma mise à mort !

Je lui demande sévèrement de ralentir, c'est sans discuter qu'il lâche le malheureux accélérateur, la voiture retrouve ses esprits… Il se tourne alors vers moi et m'envoie au cœur un sourire qui déclenche une espèce de chevauchée fantastique incontrôlable dans tout mon être, je cherche la sortie, renonce au suicide et laisse finalement sa main m'expliquer pourquoi je suis une femme !...

Soudain, ayant très certainement engrangé une tension au-dessus de sa capacité de rétention, il donne un coup de volant et précipite la voiture « bonne pâte » dans un chemin providentiel ; mais il oublie une fois de plus la pédale de frein, la voiture énervée se retrouve à cheval sur un talus, l'avant levé vers le ciel, le cul dans une ornière ; nous nous retrouvons tous les deux allongés comme dans une fusée prête au décollage ; il y a des jours comme ça ! Faisant fi de toutes considérations environnementales, oubliant que je suis, provisoirement j'espère, interdite de gymnastique, mon surprenant garde-malade, entreprend de finir ce que sa main avait si tendrement commencé.

Intrusion, léchouille, baisers, caresses tout y passe dans le désordre d'un désir irrépressible.

Une étincelle de lucidité pour me dire que mon hypothèse quant à la possibilité de servir de dromadaire était tout à fait réaliste….mais c'est une autre histoire !...

L'étonnante vigueur de mon cavalier, cravachée par mon abandon totalement indécent, nous emporte dans d'audacieuses cabrioles ; décidément mon bel Omar n'a jamais dû apprendre à se servir de frein, je me gourmande bonne joueuse, car je n'ai aucune envie de lui rappeler une quelconque limitation de vitesse.

Les heures défilent dans une brûlante ivresse, et de caresses effrontées en baisers étourdissants, nous découvrons entre deux emportements, que le soir déjà accroche ses étoiles dans le ciel.

Le sens du devoir juste un instant reprend le dessus, mon tendre ami m'assène un timide :

- J'avais envie de vous…

Je lui réponds sur le même ton :

- J'ai aimé votre envie de moi…

Dépenaillés, chavirés, entremêlés, embourbés, et pour moi la minerve de travers, nous tentons de retrouver un peu de bon sens, récupération difficile… tellement difficile qu'il a fallu le froid du petit matin, la faim, la soif et quelques autres désagréments mesquins mais incontournables, pour revenir, assommés et heureux, dans le monde derrière le talus.

-Mais ?
- Vous et moi, nous n'avons pas fini !
- Ha ?

Ton visage

Quand l'amour n'a plus qu'un visage, qu'un prénom, lorsqu'il n'est plus que dans un sourire, que dans un regard, mais qu'il n'est plus que cela…

L'inconsistance d'une pensée, d'un souvenir et le poids pesant de l'absence …

C'est comme si mon corps soudainement, se souvenait de ses années, je ne comprends pas ? J'ai mal partout, des douleurs que je ne connaissais pas, des ralentissements, j'ai froid aussi, alors que cet hiver encore je dormais ma fenêtre ouverte sur le gel.

Est-ce d'aimer qui me protégeait de ces maux ? Est-ce la tendresse, toutes les tendresses ? Ayant perdu son amour, mon corps se laisse t-il aller et vaincre par le temps, qui rattrape une proie trop longtemps insaisissable ?

Ces douleurs et ce froid attendaient-ils, tapis dans mon être pour me punir de n'avoir possédé qu'une chance, qu'un pouvoir ? Ces choses de l'esprit, non apprises mais sues comme une évidence et, une certaine beauté comme une damnation. Ces deux qui n'en finissent pas de durer, et avec ces insoumis,… l'espoir, le courage de continuer d'exister.

Mais l'amour et la tendresse s'en sont allés,… la fine pellicule qui faisait illusion est tombée, la beauté se fane incrédule, douloureuse... et l'esprit abandonne, désespéré, ce vieux navire à la dérive…

« Il y a si peu de temps entre vivre et mourir »
BARBARA

La vieillesse

La vieillesse c'est la défaite, le reste ce n'est que du chagrin qui se défroque un beau matin

La vieillesse c'est la défaite quand on raccroche au portemanteau ses guenilles avec son cœur

C'est l'ultime vacherie, partir lorsqu'il est trop tard, c'est ne plus rire, ne plus pleurer

La vieillesse c'est savoir qu'on ne savait rien, que l'on s'est trompé toute sa vie, en pensant que nous aurions avant la honte et le naufrage, accompli avec un certain courage ce dernier acte choisi,… qui devait mettre à terre l'inéluctable et nous offrir la liberté de partir avant la décadence et la décrépitude…

La vieillesse, c'est l'âme intouchable qui se désole, prisonnière dans les ruines d'un corps qui malgré lui, trahit l'union, partage en deux ce qui n'était qu'un, aux temps d'avant, quand, même laids on existait…

Dans un désert, avec les autres tout autour, et leurs regards de fauves qui te condamnent… La vieillesse c'est être mort encore vivant…

Et chaque jour un peu plus lourd, le poids des heures, qui assassine tes dernières forces…

La vieillesse c'est rester pour rien, même pas pour l'inutile, même pas pour l'attente…

Même pas pour l'autre, devenu l'étranger que l'on croise encore, avec juste assez de rancunes pour se souvenir de l'avoir aimé…

La vieillesse c'est être puni d'avoir été vivant…

Puni d'être resté trop longtemps… pour pourtant si peu de temps.

« Pas cap »

C'est le vent qui soulève mes jupons…
Je ferme les yeux, je t'invite…
Ma culotte n'est que de dentelle fragile
Et je bande dans ma tête.
Mon sexe agite un drapeau blanc,
Tu dois sentir mais ne vois rien,
Tu dois vouloir mais n'oses pas.
Ma main commence pour toi, A B C D…
Je veux bien t'apprendre, mais aide toi…
Le cœur crachouille intimidé,
Devant ta verge qui se décide.
Et toi dans mon élan,
Ta main qui fend mes flots,
Ecarte les obstacles…
L'indécision n'est plus de mise,
Ton membre dressé
Enorme pieu entre mes cuisses,
Où ruissèle enfin,
L'usufruit de nos jouissances.

Les cendres encore rouges

La maison ronronne sur une chanson italienne... ma mère, frileuse locataire indélogeable sur les mois d'août de ma naissance, qui se sèment le long de ma vie... son rire imposteur qui se faufile jusqu'à mon cœur et va courir sur mon enfance...

Il se souvient du trésor dans la maison, juste un prénom qui dit maman.

Le foyer déserté, l'angoisse dans le silence.

Nous partirons main dans la main, gardienne de ta vie, je porterai les valises avec dedans,... toi, tes images et le bonheur.

Ne t'en fais pas !... On préfère avoir faim que perdre sa mère,... et dans ma poche là, ces ronds de réglisse avec au milieu un gros bonbon rouge ou blanc ou jaune... sont pour toi à tout jamais.

Tu sens la divine, belle et sans pareille... le délice, l'enchantement... jusqu'au dimanche de ton départ.

Ma mère mon exil...

NANA

Les mots

… « *L'insolence d'un homme libre, le réconfort de ses choix, la nuque levée, il fait face à l'imprudence* »…

J'ai griffonné sur le mur… ce truc impérieux me prend, une faim de hyène à rassasier.
Je t'aime la vie ! Épousée en aveugle, retenue par nécessité, je l'ai goûtée sans la connaître, de miel en fiel, haletante pourchassée, où as-tu ma belle, puisé ta prodigieuse indulgence ?

… « *La complaisance qui ressemble à la lâcheté* »…

Sur la table traîne un verre taché de grenat, crayons et papiers avec tous les compromis pour supporter le combat et l'excès de ma soumission à ce besoin des mots, qui m'enragent souvent, tant ils sont dérisoires, jamais assez vrais pour dire l'inhumaine et pesante charge des sentiments.
Un coup de vent, un geste emporté, c'est le désordre.
Je me fabrique des jours avec des heures entassées, le corps durci par l'orgueil qui dissimule la souffrance.

… « *J'ai la moitié de moi qui reste accrochée à toi, et l'autre moitié qui tourne autour… Trois problèmes, sur l'ordonnance un remède de quatre sous, ô prodige…*
j'éteins ma vie dans ton silence »…

Le mouvement du ciel, le vol d'un passereau, la promenade au bord du fleuve, mes hanches fatiguées, mon sexe douillet mais déserté qui rafle quelques rêves dans l'existence d'avant, quand solidaires le ventre et le corps se paraient pour la même victoire…fleur au fusil, sourire aux lèvres…Désormais je démarche pour mes tourments.

… « *Je t'aime et chaque nuit je prépare ton retour, l'amour s'ancre où il peut se sentir bien.*
Et assoupis au creux du ventre, tous mes soupirs de femme »…

Comment je m'appelle ?

Boris et les autres

Nous écoutons Virginie avec attention, parce que si on manque un mot de ce qu'elle nous raconte avec une fièvre de passionaria, on cherchera longtemps à comprendre pourquoi, si l'Amérique avait envoyé une bombe sur la Russie, la Russie aurait gardé tous ses Boris.

Virginie vient de vivre une histoire tourmentée avec un russe prénommé Boris.

Nous avons dû passer par tous les affres et les extrêmes des sentiments amoureux slaves car Boris n'est pas un sang mêlé et d'après Philippe c'est très important de le souligner.

Il affirme également qu'un vrai Russe vaut dix Espagnols ; il sait de quoi il parle lui, sa grand-mère était Sicilienne ! Pour dire que Boris s'est senti redevenir cosaque, il est allé emprunter le paisible cheval à la retraite dans le pré de monsieur Richard ; lui aussi à la retraite agricole. Et juché sur la malheureuse bête qui de son état de laboureur, n'avait jamais connu de cavalier, fusse t-il Russe de la plus pure extraction, est venu vociférer sous la fenêtre de Virginie et des nôtres par la même occasion,… il jurait qu'il emporterait Virginie « son moy liboch ? » sur son pur-sang… ce dingue à l'amour débordant, croyait dur comme fer à ses âneries… le pur-sang en question est un vieux cheval, mélange tout à fait honorable par ailleurs, de percheron et de normand.

Au bout d'un moment, considérant très certainement que la plaisanterie avait assez duré, l'humble canasson, après quelques scrupuleuses hésitations, ayant depuis longtemps fait le tour de la stupidité humaine, qu'elle fût française, russe ou africaine, décida qu'il était temps pour lui de retourner à son bercail. Sans violence superflue, d'un léger coup de rein, il a envoyé Boris dans le bosquet d'épineux parfaitement inutile qui se trouve au milieu de notre cour, ce qui eut pour conséquence immédiate de faire hurler Boris de plus belle, ensuite cela paraissait inévitable, de le faire évacuer par le SAMU, dont les toubibs n'essayaient même pas de cacher leur bonne humeur en regardant le cul de Boris transformé en pelote d'épingles,… Boris qui persistait, et continuait d'appeler Virginie, dans sa langue maternelle… Je trouve que le russe est une langue déchirante, surtout quand tu ne la comprends pas…

Nous sommes tous descendus à 10 de tension pendant une huitaine de jours, mais maintenant nous avons l'espoir que Boris retournera dans son pays, et qu'il y restera, sans qu'il soit nécessaire d'employer la force militaire.

On jurerait que la Stéphanie qui lorgnait justement elle aussi, du côté de chez Boris, s'interroge.

Stéphanie se couche pour un oui pour un non, étudiante en littérature,(ce qui n'a aucun rapport), son deux pièces et demi jouxtant le mien, nous passons des heures à disséquer l'écriture d'écrivains parfois morts depuis des lustres.

Stéphanie n'aime guère nos contemporains, quand elle s'énerve vraiment, elle dit que si elle le pouvait elle retournerait chez les grecs, parce qu'elle est certaine que dans sa vie antérieure elle était princesse de Thessalie.

La même passion pour les livres nous dévore, nous piochons dans nos bibliothèques réciproques en toute confiance, pour nous, un livre, surtout celui de l'autre est sacré ! On se dit que toutes les deux on voyage sur la même planète ; mais là s'arrête notre complicité, car la Stéph est une bourgeoise avec des idées bloquées au XVIIIe siècle,… mais qui couche comme au XXIe siècle, sans rechigner sur la quantité, et très à l'aise en ce qui concerne la qualité,… moi je suis plutôt dans l'improbable, les amours impossibles, la tête dans les étoiles, les pieds dans la boue…

Enfin il reste qu'elle et moi sommes incapables d'appréhender le quotidien. Nous laissons le soin de la logistique à Virginie qui normalement jusqu'à Boris gardait la tête froide ; parce qu'avec Boris elle devient folle et ferait sauter la planète Terre pour débarrasser celle-ci de la Russie, je lui dis :

- Que tous les Russes ne s'appellent pas Boris et que l'amour la rend extrémiste. Elle me rétorque aveuglée par la passion, que sur le doute, après, elle se ferait sauter la cervelle ! Virginie a peut-être du sang slave dans les veines ?

En attendant Stéph et moi-même, nous nous nourrissons de casse-croûte, pour éviter que la vaisselle ne s'entasse dans nos éviers, et fasse le plaisir de mouches opportunistes qui en profiteraient comme toujours, pour chier dans nos assiettes.

Nous prévoyons sobrement que Boris n'a pas fini de nous emmerder.

Pour une certaine compréhension je dois vous dire que notre immeuble est construit en quinconce, ce qui donne des étages pas tout à fait entiers, dont certaines pièces avancent sur le vide, formant ainsi un escalier inversé. Heureusement que les délires de l'architecte responsable de cette « pièce montée » ont été stoppés par le manque de moyens qui n'étaient pas seulement pécuniaires ! Les responsables de l'habitation à loyers modérés ont considéré que l'extravagance pharaonique de la bâtisse se trouvait être en contradiction avec cette obligation de modération. L'ensemble donne étrangement l'impression que tout va finir par se casser la gueule. D'ailleurs, les ouvriers qui étaient chargés de la construction en elle-même, avaient refusé d'ajouter un étage ; même si ce n'était qu'un demi-étage, et avaient menacé de faire grève… les choses en étaient donc restées là.

La laideur avachie, le regard torve, maigre fou et psychopathe par intermittence, Philippe, notre voisin du dessus trois quarts, considère (à juste titre dirait Virginie), que passer la porte fortifiée de notre minuscule et original immeuble, le reste du monde n'est qu'un ramassis de conneries, une vaste étendue de « merde »,… ce sont ses propres mots. Dès qu'une personne étrangère à notre habitat franchit notre seuil, Phil se poste à un endroit stratégique du côté gauche de son balcon transformé en mirador, et devient :

…« Œil de lynx », ça c'est de Stéphanie, elle le surnomme aussi : « le snipper de Calcutta »… nous n'avons aucune référence pour cette nomination ?... Phil défend notre asile de fous comme une lionne sa progéniture, et nous nous sentons dans l'obligation de ne jamais déménager... En souvenir d'un certain après midi... nous ayant jusqu'à ce que mort s'ensuive, assigné à résidence....

C'est le jour funeste où Sébastien, de l'autre appartement et demi du dessus, nous avait laissé entendre qu'il aimerait descendre dans le sud... on descend dans le sud, on monte dans le nord ?

Nous étions tous installés à boire l'apéritif dans le trois mètres carrés de pelouse qui nous tient lieu de jardin. Paisibles, satisfaits... lorsque Sébastien heureux nous annonce sans méfiance :

- J'envisage de déménager du côté de Marseille...

Un choc auditif, amplifié par l'espace réduit où nous nous trouvions, renvoyé par les deux murs qui se faisaient face, dont un qui ne servait qu'à nous faire de l'ombre, stoppé dans son utilité prévue, par les responsables de l'habitation à expansion modérée. Un cri strident, pénétrant, anormal et pour cause ! Notre Philippe redevenu soudain psychopathe, bafouillant dans la gorgée de pastis qu'il s'apprêtait à ingurgiter, nous hurle sans ménagement que lui vivant, il ne laisserait aucun de nous, aller se faire trucider dans le monde de dégénérés, (il sait !) rempli de pièges et de sauvages...et qu'il préférait faire sauter notre immeuble et nous avec, pour éviter que nous allions souffrir sous d'autres cieux !..

Le carnage est toujours la réponse des fous dangereux... et dans notre immeuble il faut avouer, qu'il est trop souvent question de dynamite !... Mais à ce point là et pour si peu, nous n'étions pas d'accord sur le mode expéditif de la résolution d'un problème qui n'en était pas un…pas encore.

Sébastien défendait son déménagement en parlant de sa famille qui habitait du coté d'Aix, argumentait qu'il voulait davantage de soleil, qu'il voulait la méditerranée, les oliviers, les pinèdes…

Philippe hurlait, en continuant de baver son anis, que le soleil donnait le cancer de la prostate ! Que la Méditerranée était infestée de requins, que les pinèdes étaient inhabitables…

Tout le monde essayait, par des affirmations débonnaires, de calmer ces deux attractions opposées, mais Philippe s'était armé du couteau qui avait servi à découper le saucisson en rondelles, et menaçait de se tailler la carotide ! Sébastien pour faire juste mesure était grimpé sur le mur, et du haut de ces deux mètres cinquante menaçait lui de se fendre le crâne,… c'était l'impasse…

Stéphanie derrière ses lunettes considérait l'événement avec philosophie et avança sans malice qu'il ferait un bon scénario… Cette petite phrase aurait semblé anodine dans tout autre circonstance, mais vu l'électricité ambiante, elle rebondit sur Virginie qui était assise près de Chloé ; de l'appartement du rez-de-chaussée trois quart, appartement qui se trouve être face à celui de Pierre et de Jean, un couple sans histoire, chouchou de Philippe.

Donc Virginie plongeant dans la mêlée, lance à une Stéphanie pétrifiée de stupeur :

- Arrête de faire la conne ! Ton scénario tu te le mets où

je pense ; Virginie emploie un vocabulaire de charretière alcoolisée dès qu'elle s'agace. Stéphanie revenue de son émotion, et plus expéditive, lui rétorque un bref mais piquant :

- Merde.

Virginie, qui devait garder en elle des relents d'insatisfactions rancunières moscovites, se lève comme si elle venait d'apprendre que la Russie avait enfin capitulé, se jette par-dessus Chloé sur une Stéphanie, qui sous l'effet de la surprise, reste clouée sur son fauteuil d'osier rose, la bouche ouverte sur une rondelle de saucisson, attendant l'impact de l'assaut surprenant, d'une Virginie transformée en projectile, qui heureusement rate sa cible en hurlant aussi fort que Philippe, des vacheries intraduisibles,… sauf d'imperceptibles :

- Va te faire foutre, salope, communiste,… et peut-être aussi un dernier :

- Bourgeoise de mes deux !... qui se termine dans un étouffement sourd provoqué par son placage brutal sur la pelouse. Stéphanie retrouvant ses esprits et un minimum de clairvoyance se penche et l'aide à se relever,… Chloé s'esclaffe et reçoit en même temps, le regard noir de Virginie et celui de Stéphanie, regards prometteurs qui calment illico sa fièvre rieuse.

Philippe et Sébastien comme si tout ce charivari ne découlait absolument pas de leurs responsabilités, avaient commencé à parlementer plus calmement… Sébastien cède une partie de la côte d'Azur et quelques années de réflexion à Philippe qui, en échange repose le couteau et termine son pastis… Pierre et Jean qui accordent une tendresse toute particulière à Philippe, approuvent d'un vague sourire « de mère poule » devant le poussin gris de leur couvée. Ces deux-là sont le duo tendresse de notre immeuble, des inséparables, des silencieux, en osmose absolue avec nous tous, par le biais d'une acceptation sans restrictions de nos différentes folies, qui ne sont finalement qu'un échantillonnage réduit de l'humanité toute entière.

Leur appartement oscille entre la bonbonnière et le vide grenier où chacun d'entre nous est légalement reçu avec les honneurs dûs à son rang. Ils sont les seuls, bien évidemment, à évaluer et à justifier les mérites et la hauteur des honneurs qu'ils attribuent. Honneurs qui me placent en tête du classement,… je n'ai rien fait pour, sauf d'être sans façon, la plus atteinte dans son intégrité mentale parmi le troupeau de jobards que nous formons par le plus inattendu des hasards.

Mais ma folie extravagante d'artiste incontestable, représente pour Jean et Pierre la quintessence du génie, confirmant par cette vérité évidente mais trop souvent décriée, que tout jugement de valeur sur cette terre, n'est qu'une affaire de goût, une question à la réponse toute relative,… j'en suis fort aise.

Vous pouvez toujours essayer de faire des comparaisons, mais je doute qu'elles puissent satisfaire vos soi-disant certitudes.

Ce jour remarquable fut donc décisif. Impossible de tergiverser avec Philippe qui entre-parenthèses, est le seul qui ne soit pas sur la liste de Pierre et Jean en ce qui concerne l'attribution des honneurs, vu qu'il est reconnu malade mais inoffensif par le corps médical de la psychiatrie française... bien qu'il y ait des jours, où nous, simples mortels, nous avons toutes les raisons du monde de mettre en doute le bon sens de la dite psychiatrie, qui affirme que Phil ne ferait pas de mal à une mouche, à une mouche nous sommes d'accord, encore que... s'il faisait sauter notre habitation, qui vous dit que les mouches auraient le temps de filer ?

Il n'est pas évident d'admettre sereinement que Philippe peut vouloir plastiquer notre immeuble avec nous dedans, tout en le considérant inoffensif.

Voilà pourquoi nous doutons de la santé mentale, une fois n'est pas coutume, de ceux qui sont censés guérir la nôtre. Ainsi, après concertation nous avons tous accepté,... certain la mort dans l'âme,... pour la paix du quartier, la santé de notre immeuble, la nôtre et celle des mouches, de rester là où nous sommes encore à ce jour... jusqu'à ce que la mort nous sépare... espérant tous sans se l'avouer, pour ne pas risquer « de rallumer la mèche », que Philippe aura le bon sens de mourir le premier, ce qui ne nous empêche pas de le plaindre sincèrement.

Mais un homme psychopathe qui roule sur une bicyclette sans frein peinte en Bleu-Blanc-Rouge avec un portemanteau retourné en guise de guidon, devrait avoir toutes les chances d'arriver le premier... Je vous accorde, que bien souvent l'ordre des choses se trouve bousculé par des circonstances inattendues.

Moitié prisonniers, moitié parias, méjugés par la population des environs, considérés par les uns comme des illuminés (ce qui d'une certaine façon n'est pas totalement faux), par les autres comme des saints, et une minorité, ceux qui gentiment se sont proposés de nous évacuer de ce lieu inabouti et de son fanatique gardien.

Mais tout considéré, analysé, pesé, nous savons que ce frappadingue de Philippe n'a pas tout à fait tort quand il parle :

- de la décadence merdique des peuples universellement dégueulasses, égoïstes, cruels, pire que les « bêtes ».

Allez savoir pourquoi cet homme sorti de nulle part, à la nationalité indéterminée s'est entiché des onze énergumènes que nous sommes et de l'immeuble qui va avec… supportant stoïquement nos débordements qui n'ont pourtant rien à envier au reste du monde ? Parfois je me dis qu'il a choisi de préserver un nombre restreint de l'espèce humaine, ne se sentant pas les épaules pour étendre sa bienveillance à l'échelle planétaire, et que de fil en aiguille c'est devenu dans sa tête de psychopathe reconnu, une obsession renforcée par les amours belliqueux de Virginie, car le nom de Boris revient souvent dans la bouche de Phil comme l'exemple incontournable qui le maintient en état de vigilance permanente…ça fait pleurer Virginie, mais de moins en moins, car dans l'immeuble d'en face vient d'emménager un ingénieur en ciment de souche allemande ; d'après ce qu'elle nous a avoué avec des soupirs de Marguerite

Gautier…Nous espérons seulement qu'il ne soit pas trop dilué et qu'il sera, comme il se dit de ses compatriotes, un amoureux aux effusions plutôt pépères.

Mais nous restons sur nos gardes les voyages ayant facilité

les croisements multiples aboutissant à des caractères imprévisibles.

M. Richard surveille son cheval... Philippe reste en factions prolongées dans sa tourelle... Stéphanie lance des regards concupiscents... Pierre parle allemand avec Jean ; ils sont polyglottes et français mais Pierre a vu le jour en Australie. Enfin, Sébastien moi et les autres attendons les retombées possibles de cette nouvelle idylle...

Je vous promets de vous mettre au courant et si les choses devaient changer vous seriez les premiers à en être avertis...

Comme des bateaux

Vouloir des mots comme des bateaux pour qu'ils emportent sans la misère la belle âme des choses dont on rêve...

Vouloir des mots comme des radeaux sur des tableaux de fonds mouvants qui nous retiennent de sombrer...

Des mots qui courent qui s'entrelacent, des mots qui se posent comme des pardons sur nos cœurs sans défense.

Vouloir des mots comme des cadeaux qui s'offrent un jour au pied de l'autre, avec sa vie endimanchée que l'on brade pour quelques-uns de ces mots-là, avec la peur qu'ils sonnent faux...

Vouloir des mots à retenir dans nos mémoires résignées, pour colmater avec tendresse les balafres des mots méchants, les traîne-misère.

Vouloir des mots comme des bateaux pour emporter les vomissures les ratures les solitudes qui couleront dans le néant...

Renier les mots, les mots cruels les mots qui trompent et qui embrouillent nos sentiments...

Vouloir des mots, ceux qui consolent...

Table des matières

7 Nous irons nous étendre...
9 Nana, elle voulait vous dire
11 Il y aura toujours
19 Les escarpins
21 Un cœur contre les mensonges
23 La poésie
25 Je reste
27 Fanette et le bonheur
31 J'étais entrée dans un jardin
33 Nous nous sommes tant aimés
35 Souvenirs de voyage
39 Couleur de rien
41 Si j'avais su
45 Ton visage
47 La vieillesse
49 « Pas cap »
51 Les cendres encore rouges
53 Les mots
55 Boris et les autres
67 Comme des bateaux

Dépôt légal :
1ᵉʳ trimestre 2012

Mise en pages et lecture :
CLAMOR

Edition :
BOOKS ON DEMAND
Paris 8

Impression :
Books on Demand GmbH

Printed in U. E.